DE L'INSTITUTION

D'UNE

LICENCE ÈS SCIENCES

POLITIQUES ET ADMINISTRATIVES

DANS LES FACULTÉS DE DROIT

PAR

ÉMILE BOUTMY

MEMBRE DE L'INSTITUT
DIRECTEUR DE L'ÉCOLE DES SCIENCES POLITIQUES
MEMBRE DU CONSEIL SUPÉRIEUR DE L'INSTRUCTION PUBLIQUE

I0122826

(Extrait de la *Revue internationale de l'Enseignement*
du 15 mai 1881.)

PARIS

TYPOGRAPHIE GEORGES CHAMEROT

19, RUE DES SAINTS-PÈRES, 19

1881

DE L'INSTITUTION

D'UNE

LICENCE ÈS SCIENCES

POLITIQUES ET ADMINISTRATIVES

DANS LES FACULTÉS DE DROIT

PAR

ÉMILE BOUTMY

MEMBRE DE L'INSTITUT
DIRECTEUR DE L'ÉCOLE DES SCIENCES POLITIQUES
MEMBRE DU CONSEIL SUPÉRIEUR DE L'INSTRUCTION PUBLIQUE

(Extrait de la Revue internationale de l'Enseignement du 15 mai 1881.)

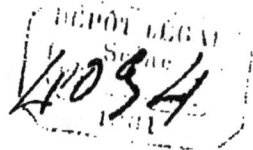

PARIS

TYPOGRAPHIE GEORGES CHAMEROT

19, RUE DES SAINTS-PÈRES, 19

1881

DE L'INSTITUTION

D'UNE

LICENCE ÈS SCIENCES

POLITIQUES ET ADMINISTRATIVES

Le rapport présenté par M. Dufnoir sur l'enseignement des sciences politiques et administratives (1) contient une réfutation des opinions que j'ai brièvement exposées ici même. Je rends hommage à la gravité, à la hauteur de vues, à la parfaite conscience qui distinguent ce travail. Notre collègue nous a accoutumés à rencontrer ces rares mérites dans tout ce qu'il écrit. Sa démonstration m'a instruit, m'a attaché, elle ne m'a pas convaincu. J'essayerai de dire pourquoi. La question en vaut la peine.

Je rappelle d'abord, en peu de mots, les conclusions du rapport. On demande qu'un certain nombre de cours sur les matières politiques et administratives soient établis dans toutes les Facultés de droit et qu'un examen spécial, avec diplôme distinct, serve de sanction à cet ordre d'études. Les Facultés de province sont assez partagées sur la question ; un petit nombre repousse le principe de la mesure (2) ; les autres ne s'accordent pas sur l'application. Selon l'opinion qui prévaut à Paris, l'examen ne serait pas un doctorat, mais une simple licence. Toutefois cette licence ne serait point parallèle à la licence en droit ordinaire ; elle lui ferait suite et nul ne serait admis à briguer le second diplôme avant d'avoir obtenu le premier. La préparation durerait le temps de quatre inscriptions, c'est la même durée réglementaire que pour le doctorat en droit ; elle porterait sur quatre matières : le droit administratif, le droit constitutionnel, la législation économique et financière, le droit des gens. La dénomination du grade serait : licence ès sciences politiques et administratives. Les pouvoirs publics auraient à spécifier les fonctions à l'entrée desquelles ce grade pourrait être exigé ou pris en considération.

Avant d'examiner le projet en lui-même et d'en montrer les

(1) *Revue* du 15 avril 1881.
(2) Voir, notamment, le rapport décisif de la Faculté de Lyon, 1878.

vices apparents ou secrets, écartons l'équivoque qui a fait dévier toute cette discussion. Ce n'est pas du tout sur l'institution des quatre chaires proposées de droit administratif, de droit constitutionnel, de droit des gens et de législation financière que portent nos objections et nos critiques. Il n'y a aucun inconvénient à ce que l'on crée dans les Facultés de droit, non seulement ces quatre cours, mais tels autres cours de sciences politiques que l'on voudra et pourra, à condition qu'on les envisage seulement comme un complément ou un adjuvant des études juridiques. Il pourra arriver que plusieurs de ces cours ne soient pas toujours professés selon l'esprit qui convient à l'ordre de sciences dont ils relèvent. Le talent du moins n'y manquera pas et les étudiants trouveront dans ces enseignements auxiliaires un surplus d'information très utile qui leur ouvrira l'esprit et stimulera leur curiosité. En voilà assez pour justifier cette partie du projet. Elle est excellente. Dans cet esprit et dans cette mesure, l'introduction dans les Facultés de droit des quatre cours proposés ne peut soulever aucune opposition de principe ; tout au plus peut-elle donner lieu à quelques conseils de prudence et de lenteur dans l'exécution.

On n'a pas raisonné autrement en Autriche-Hongrie et en Italie. On a associé aux cours juridiques un très petit nombre de cours sur les sciences politiques. Ces cours ont leur place dans le programme des examens de droit ordinaires, des examens imposés à tous les étudiants ; ils font simplement partie de l'éducation du juriste, qu'ils complètent ; ils ne constituent à aucun degré un enseignement spécial destiné à l'administrateur ou au diplomate.

Mais, dira-t-on, tout enseignement a besoin d'une sanction. Où trouverez-vous celle de ces quatre cours nouveaux sans le secours d'un examen séparé et d'un diplôme spécial ? Ignorez-vous que nos examens ordinaires sont déjà trop nombreux et trop chargés ? — Je crois que la sanction désirée peut être organisée très convenablement sans ce luxe d'épreuves et de diplôme, et qu'elle sera infiniment préférable ainsi à celle que l'on veut créer sous la forme d'une licence ès sciences politiques et administratives.

Prenons les matières une à une. En ce qui concerne le droit administratif, tout le monde conviendra que la solution la plus satisfaisante consisterait à lui attribuer deux années d'études avant la licence en droit et sous la sanction de cet examen. Premièrement, en effet, cette partie du droit constitue un enseignement fondamental dont l'insuffisance et les lacunes sont fâcheuses pour tous les étudiants ; c'est donc pour tous les étudiants qu'il faudrait le fortifier et le compléter ; or le projet ne le fortifie et ne le complète que pour le petit nombre qui fera l'effort de briguer la seconde licence. Secondement, si les deux années précédaient la licence en droit, la matière pourrait être divisée en deux parties qui s'échelonneraient méthodiquement sur toute la période biennale ; au contraire, si l'une des deux années est placée avant la licence en droit et l'autre après, la première devra déjà former à elle seule un enseignement complet dans ses grandes lignes et embrasser toute l'étendue de la science ; le professeur de seconde année sera donc obligé de reprendre ensuite les mêmes sujets et de remplir le même cadre ; il y aura des répétitions, des doubles emplois et une perte considérable de temps et de peine. — Reste la difficulté de trouver une place pour la seconde année de droit administratif dans la période triennale qui précède la licence en droit. Cette place existe. Il suffit, pour faire le vide nécessaire, de transférer de deuxième en troisième année l'économie politique, au lieu et place du droit international privé ; qui sera reporté parmi les matières du doctorat. Ce sera un avantage de plus ; car le droit international privé a besoin de s'appuyer sur la connaissance des principales branches du droit. Il sera étudié avec plus de fruit s'il vient après l'achèvement des études préliminaires.

Voilà pour le plus important des quatre cours. Quant aux trois autres, je me bornerai à rappeler qu'autrefois, les aspirants au grade de licencié en droit qui désiraient se créer un titre spécial auprès du ministère des affaires étrangères, étaient autorisés à se faire interroger par supplément sur le droit des gens et que, si l'épreuve était satisfaisante, un certificat séparé leur était délivré en sus de leur diplôme. Cette faculté pourrait être aisément rétablie et le bénéfice pourrait en être étendu aux trois cours que l'on propose d'instituer (1). Si l'on se souvient, en outre, que déjà les aspirants au doctorat peuvent, eux aussi, opter dans certaines limites entre plusieurs cours, et si l'on tient compte du développement qui pourrait être donné à cette liberté d'option, on sera amené à conclure que la constitution actuelle des Facultés de

---

(1) Combien cela serait plus pratique que les quatre cours obligatoires avec leur diplôme! Voici un jeune homme qui se destine aux carrières financières. Il possède les connaissances juridiques générales, puisqu'il est licencié en droit. Pourquoi le forcer à s'appesantir toute une année sur le droit des gens? Laissez-le se concentrer sur le droit administratif et les matières financières. De même, voici un jeune homme qui se destine à la diplomatie. Pourquoi le forcer à revenir une année de plus sur le droit administratif. Laissez-le plutôt approfondir le droit constitutionnel et le droit des gens.

droit contient tout ce qu'il faut pour appuyer d'une sanction efficace les enseignements désirés, et qu'il est absolument superflu, si l'on ne poursuit pas un autre but qui tend à faire sortir les Facultés de leur cadre et de leur caractère, d'y introduire un grade nouveau sous un nom retentissant.

Tout autre est en effet le but, tout autres les intentions déclarées qui ont inspiré le projet en discussion.

Il n'est pas question ici d'une modeste addition à faire au programme pour compléter et fortifier l'instruction du juriste. Il s'agit de prendre ouvertement possession de la province des sciences politiques et administratives. Le rapport, après avoir rappelé « l'importance professionnelle et sociale » du droit constitutionnel, du droit des gens et aussi de l'économie politique, insiste sur la nécessité « de coordonner ces enseignements, de les grouper en un faisceau formant un ensemble d'études *spéciales*, qui pourrait d'ailleurs se compléter et qui serait une préparation *efficace* aux carrières politiques, administratives et diplomatiques ». Il ne faut pas moins en effet pour justifier le grade que l'on propose d'instituer sous le nom considérable de « licence ès sciences politiques et administratives ». Évidemment l'idée d'un simple complément des études juridiques n'est plus en cause ; la prétention est plus haute. C'est tout un corps de sciences et toute une éducation professionnelle que l'on demande aux Facultés de s'annexer. La combinaison a d'ailleurs l'avantage de se rencontrer avec une préoccupation déjà ancienne de l'opinion et des pouvoirs publics et de répondre au moins en apparence à leurs *desiderata*. Depuis longtemps, en effet, le gouvernement est sollicité du dehors, pressé par la conscience de sa haute responsabilité, de se mêler de l'enseignement des sciences d'État. On lui offre ici un moyen spécieux, commode, expéditif de satisfaire ces exigences et ces scrupules. Voilà certes de puissantes recommandations. Acceptons donc le problème dans ces termes généraux. Conçu dans cet esprit et porté à cette hauteur, il mérite ample et mûre considération ; nous reviendrons ensuite plus éclairés et mieux pourvus au diplôme lui-même et à l'organisation pratique qu'on y rattache.

Avant tout, dégageons les deux principes qui doivent, à notre sens, diriger l'action de l'État en pareille affaire. Premièrement, l'État ne doit intervenir que pour un but et avec l'espérance d'un résultat dignes de lui. S'il aborde une question de ce genre, c'est pour la trancher aussi complètement que possible et par les meilleurs des moyens dont il dispose. Je n'admets pas l'État humble dans ses prétentions et timide dans ses efforts pour le bien de tous.

L'opinion qui le presse n'est pas à ce point impatiente qu'il doive se résigner à faire vite et à tout prix quelque chose d'imparfait. Elle lui saura gré de prendre un peu plus de temps, s'il le faut, pour traiter le problème dans toute son étendue, pour le résoudre avec largeur et sûreté.

Secondement l'État, s'il juge à propos d'espacer, de graduer ses efforts, doit écarter toute combinaison, même spécieuse, qui rendrait difficiles les progrès subséquents. Il ne sacrifiera pas l'édifice à l'échafaudage. Dans chaque organisation partielle, il aura devant les yeux l'organisation définitive ; il y réservera la place de tous les compléments prévus. Tout ce qu'il fait doit laisser la voie ouverte vers le but final qu'il se propose ; rien de ce qu'il fait ne doit l'enchaîner dans l'imparfait et l'insuffisant.

Quelle est, — rapprochée de ces principes, — la valeur du projet en discussion ? Résout-il comme le méritent l'importance de la question et la dignité des pouvoirs engagés, ce grand problème de l'enseignement des sciences politiques et administratives ? L'intérêt de la science, l'intérêt des services publics, l'intérêt des Facultés elles-mêmes conseillent-ils de leur adjuger ce nouveau domaine ? Sont-elles préparées, sont-elles disposées à en garantir la mise en culture effective et totale ? Est-il sage de partager ainsi leur attention et leurs efforts, réclamés déjà par d'autres et de si grands objets ? — Si ce qu'on offre en leur nom pour commencer est très insuffisant, est-on autorisé à penser qu'elles le compléteront sans trop de lenteur ? Faut-il croire, au contraire, qu'elles dépasseront difficilement la limite atteinte en ce premier essai ? Et, dans ce cas, cette prise de possession n'aboutira-t-elle qu'à couvrir l'abandon réel d'une partie de l'exploitation, tout en créant un titre nominal opposable aux tiers, qui écartera les autres bonnes volontés capables de recueillir la concession en souffrance ? Au lieu d'une voie qu'on ouvre, n'est-ce pas une impasse où l'on s'engage ? Voilà les questions qu'il faut avant tout se poser et résoudre.

J'ai suffisamment démontré naguère que l'enseignement organisé des sciences politiques et administratives n'est pas à sa place dans les Facultés de droit. Je ne reprendrai de ces développements que ce qu'il faudra pour marquer leur rang dans la suite de mon argumentation. Personne ne conteste que l'encyclopédie des sciences d'État ne contienne un grand nombre de matières non juridiques qui ne peuvent pas être introduites dans les Facultés de droit. J'ai prouvé d'autre part qu'il est extrêmement fâcheux de séparer ces sciences les unes des autres. J'ai montré par exemple que le droit des

gens trouve dans l'histoire diplomatique, le droit constitutionnel
et les lois politiques dans l'histoire parlementaire, un commentaire
perpétuel, indispensable à ceux qui veulent voir les choses avec les
yeux de l'homme d'État. Il était superflu de montrer de même le
lien de l'histoire avec la géographie, de l'économie politique avec
la statistique : il est trop évident. J'ai signalé, dans un autre sens,
le secours que les enseignements spéculatifs reçoivent des enseignements professionnels, et le danger qu'il y aurait à les en
isoler. J'ai fait voir qu'on ne saurait sans un grave dommage
morceler un ensemble si bien lié, disperser ces parties qui se
soutiennent si bien entre elles et troubler le jeu de ces influences
réciproques. J'ai indiqué enfin que les sciences d'État, prises dans
leur ensemble, ont une méthode et un esprit très différents de ceux
qui conviennent pour les études juridiques, et qui règnent à
juste titre dans les Facultés de droit. Je caractériserai cette différence d'un mot : les sciences juridiques sont essentiellement dé-
ductives; les sciences politiques sont en grande majorité expéri-
mentales et inductives. Introduire ces dernières, en petit nombre,
dans un milieu aussi puissant, aussi riche en fortes traditions que
les Facultés de droit, c'est les exposer à subir une influence dé-
viatrice, à accepter un point de vue et une méthode contraires à
leur nature. L'Allemagne a très bien senti cela. J'ai rappelé que
partout, sauf à Strasbourg, où elle était gênée par l'organisation
antérieure, elle a placé les sciences politiques en dehors des
Facultés de droit. Ou bien elle les a mises au large et à l'aise dans
ces ensembles dénoués et flottants qu'on appelle les Facultés philo-
sophiques, entre la philosophie et l'histoire, parmi des cours
infiniment variés de lettres et de sciences; ou bien elle en a formé
des Facultés spéciales et distinctes. Elle a compris tout ce qui est
dû à l'importance et à l'ampleur de cet ordre de connaissances,
elle a reconnu le besoin qu'elles ont de posséder leur indépendance
scientifique, leur entière autonomie. Elle a évité de les mettre
sous une juridiction qui, pour être la juridiction la plus voisine,
n'en est pas moins une juridiction étrangère (1).

(1) Le rapport me reproche d'avoir « habilement » laissé dans l'ombre que
les sciences juridiques occupent dans l'encyclopédie des sciences d'État une
place prépondérante. Je suis forcé de déclarer que dix années passées à enseigner et à voir enseigner les sciences d'État m'ont laissé une conviction toute
différente. Les matières juridiques sont extrêmement importantes; mais la pré-
pondérance appartient aux sciences historiques et économiques. A la vérité, le
rapport réclame aussi pour les Facultés de droit les sciences économiques; il
insiste sur ce que ces Facultés sont « en possession » de cette branche d'enseignement « sous des aspects divers ». Je n'aperçois pas bien ces aspects divers;

Il y a une autre raison pour ne pas placer dans les Facultés do droit l'enseignement développé des sciences politiques : c'est que l'organisation traditionnelle de ces Facultés ne s'y prête pas. Telles sont par exemple les conditions particulières dans lesquelles s'opèrent la préparation et le recrutement du corps enseignant. Le doctorat et, à sa suite, l'agrégation en droit composent un apprentissage excellent d'où sortent de subtils dialecticiens et d'admirables professeurs. Mais cet apprentissage est exclusif, absorbant, prolongé (il dure en moyenne six ou sept ans), et si efficace qu'il soit par son propre objet, il exclut nécessairement, sauf pour quelques hommes exceptionnellement doués, toute préparation différente vraiment approfondie. On a même dit, non sans vraisemblance, qu'il tend à créer des habitudes d'esprit peu favorables à certaines études d'un tout autre ordre, comme il y en a parmi les sciences politiques. Il ne faut pas croire que ces sciences, pour se laisser pénétrer, réclament moins de travail et une application moins soutenue que le droit. Il ne faut pas croire qu'elles se contentent d'une préparation plus tardive. La plupart ne se livrent qu'à ceux qui les sollicitent longtemps, qui s'y consacrent de bonne heure d'une manière spéciale. Pourquoi s'improviserait-on plus facilement historien, géographe, économiste, financier, statisticien, qu'on ne s'improvise jurisconsulte? Je connais depuis longtemps un grand nombre d'agrégés de droit ; nul n'est mieux en mesure que moi d'apprécier les talents pleins de vigueur et d'éclat que renferme ce corps d'élite. Or je les ai toujours entendus réclamer contre les embarras où les jette cette présomption de leur universelle et immédiate compétence en des matières même moins éloignées que celles-ci de leurs études, par la méthode et par le sujet. Les Facultés donnent d'excellentes raisons, dan l'intérêt de leurs enseignements traditionnels, pour conserver au doctorat et à l'agrégation leur caractère exclusivement et profondément juridique. Je partage leur sentiment (1). Je soutiens seu-

je ne vois qu'un simple et utile cours d'économie politique. Le législateur a voulu que les étudiants en droit ne fussent pas étrangers aux conceptions maîtresses de cette science, il en a fait le sujet d'un enseignement auxiliaire. L'idée est excellente; mais il n'y a pas là de prise de possession d'un ensemble scientifique; il y a une simple échappée sur un ordre de connaissances qui reste distinct et indépendant. Le précédent n'a pas plus de valeur que l'existence d'un cours d'économie politique aux Ponts et Chaussées ou au Conservatoire des Arts et Métiers; il ne préjuge rien sur l'endroit où peut être organisé l'enseignemen sérieux et nourri des sciences économiques et sur l'aptitude spéciale des Facultés de droit à le recevoir.

(1) Voir, à ce sujet, les considérations très élevées présentées dans le rapport cité (p. 381).

lement qu'aussi longtemps que ce caractère durera, aussi longtemps que l'organisation du doctorat et de l'agrégation ne sera point modifiée, le département des études politiques ne pourra pas être confié aux Facultés de droit ; car, du fait de cette organisation, toutes celles de ces études qui ne procèdent pas du droit seraient condamnées à se passer d'une préparation sérieuse, et l'enseignement de toute une moitié des sciences d'État serait frappé d'insuffisance.

Ces considérations n'avaient pas échappé à la commission sénatoriale qui proposait naguère de créer une section des sciences politiques dans les Facultés de droit Ayant à régler cette question délicate du recrutement des professeurs, elle n'avait pas cru devoir admettre les docteurs et agrégés de droit ordinaires à la *venia docendi ;* elle avait exigé le diplôme spécial de la section. En outre, elle avait autorisé pendant cinq ans le gouvernement, sous certaines garanties, à désigner les professeurs de la section parmi les publicistes et les savants même dépourvus de grades officiels. Et pourtant la commission du Sénat n'instituait que les quatre cours que l'on propose aujourd'hui. Elle les faisait seulement plus compréhensifs et moins étroitement juridiques, comme l'indiquent les titres mêmes de ces cours (Droit constitutionnel *comparé,* — *Économie politique* et *science* financière, — Droit des gens et *histoire diplomatique*). Mais elle se promettait sérieusement de les compléter. Cela suffisait pour qu'elle crût à la nécessité de professeurs formés et préparés à part. Venant d'hommes considérables, dont les sentiments d'estime et de respect pour les Facultés de droit sont connus, le témoignage est significatif. Ai-je besoin de le dire? Ce que la commission appréhendait, ce n'était pas que les agrégés de droit ordinaire ne fussent pas en état d'enseigner solidement ces quatre sciences; elle avait pleine confiance dans leur zèle infatigable, dans leur vigueur d'intelligence, dans leur talent de professeur. Mais prévoyant pour l'avenir un enseignement plus étendu, plus abondant en matières extra-juridiques, elle craignait que l'esprit particulier de ces sortes d'études ne leur échappât en partie, qu'ils n'eussent pas le temps de s'en pénétrer, qu'ils fussent tentés de garder trop complètement, dans un milieu différent, les habitudes et le pli du juriste. Elle faisait cet honneur aux sciences politiques de croire qu'elles ont quelque chose en propre qui ne se révèle et ne se livre qu'au prix d'une application spéciale, patiente, concentrée. Elle n'aurait probablement fait aucune objection au mode de recrutement ordinaire, s'il s'était agi d'un petit nombre d'enseignements auxiliaires des études de droit, contrôlés par un examen de droit, couronnés par un diplôme purement juridique. Mais elle ne croyait pas que la spécialité du diplôme pût être sérieuse et justifiée sans une certaine spécialité dans la préparation et la compétence des professeurs (1).

Il y a une dernière raison pour que les sciences d'État soient mal placées dans les Facultés de droit : c'est que, quand même leur nature leur permettrait de s'y développer, elles en seraient empêchées par les exigences traditionnelles des Facultés à l'égard du corps enseignant.

C'est une règle chère aux Facultés de droit et qui fait corps avec leur organisation, que tous leurs professeurs doivent être capables d'enseigner au besoin toutes les matières inscrites au programme et d'interroger à l'examen sur ces matières. Il suit de là que le jour où l'on s'aviserait de s'étendre sur le domaine des sciences politiques, que l'on sait si abondantes et si variées, le jour où l'on prétendrait en embrasser plus d'un certain nombre, on serait bien vite arrêté par la crainte, soit de dépasser les forces humaines en exigeant des agrégés des connaissances véritablement encyclopédiques, soit d'énerver tout l'enseignement en induisant les professeurs à se contenter d'une teinture superficielle de chaque matière. Il y a là une limite fatale, infranchissable qui, — tant qu'elle existera, — devra détourner l'administration du projet d'introduire et d'acclimater un ordre de sciences nouveau dans les Facultés de droit. Il y serait frappé d'un arrêt de croissance presque immédiat (2).

Je résume ce qui précède. S'agit-il réellement d'instituer un enseignement sérieux et nourri des sciences politiques? la place de cet enseignement n'est pas dans les Facultés de droit. Il n'y entre-

---

(1) Si nous sommes d'accord avec la Commission sénatoriale, sur le point capital qui vient d'être indiqué, on voit sans peine pourquoi nous n'acceptons pas cependant le reste de son projet. Créer dans les Facultés de droit, à partir de la licence en droit, une section séparée, indépendante, recrutant son corps enseignant parmi ses propres gradués, voilà l'essence du projet. Il s'inspire d'un sentiment très juste et très fin du caractère spécial et du besoin d'autonomie des études politiques et administratives. Mais alors pourquoi seulement une section? Pourquoi pas une École à part, où ne seraient admis, je suppose, que les licenciés en droit? Si l'on croit nécessaire que le groupe des sciences politiques et son corps enseignant soient bien distincts et pleinement indépendants, pourquoi ne pas les faire maîtres chez eux? Pourquoi leur imposer le périlleux honneur d'une cohabitation qui les mettrait aux prises avec des règlements de frontières, avec des questions de préséance, avec des traditions formées en vue des seules études juridiques, enfin avec les objections que l'on pourra tirer de la dénomination étroite de « Facultés de droit » contre les adjonctions les plus légitimes réclamées par la section nouvelle?

(2) C'est probablement pour cette raison que la Faculté de Grenoble demande, si je ne me trompe, un jury d'examinateurs spéciaux.

rait que tronqué et mutilé; il s'y trouverait dans un milieu scientifique peu conforme à sa nature, et d'autant plus dangereux qu'il
est plus puissant et plus actif. L'organisation, les traditions des
Facultés de droit, l'intérêt passionné qu'elles portent à leurs
propres études, tendraient à tenir cet enseignement dans
l'humilité, dans l'insuffisance, à en empêcher l'extension, à en
gêner les progrès. Écartons donc une fois pour toutes l'illusion de
ceux qui essayent de couvrir l'indigence du système proposé par l'espérance vague qu'on le complétera, qu'on fera mieux plus tard. On
ne fera pas mieux, on ne complétera rien; la force des choses ne le
permet pas. Tel le groupe des quatre cours serait admis demain
dans les Facultés de droit, tel il demeurerait pour un temps illimité. Son effet le plus sûr serait de créer une fin de non-recevoir
contre toute organisation plus satisfaisante procédant d'ailleurs et
par d'autres moyens. Elle aurait simplement engendré des droits
acquis, qui réclameraient, qui protesteraient, qui trouveraient difficulté à tout; les progrès ultérieurs deviendraient impossibles.

J'arrive maintenant au diplôme lui-même et aux raisons que
l'on donne pour l'instituer. Ici, je rencontre une illusion funeste
qu'il faut écarter avant de pousser plus loin. On insinue qu'un diplôme est de sa nature une chose inoffensive, que le nom qu'on lui
assigne n'importe guère, qu'un point seulement vaut la peine d'être
considéré: le nouveau grade fournit-il un appât suffisant pour atti-
rer la jeunesse aux cours dont il est le couronnement? — N'y a-t-il
réellement que cela? Non sans doute. Lorsque le législateur inter-
vient pour instituer un diplôme nouveau, spécial, une licence
ès sciences politiques et administratives, revêtue du sceau de
l'État et couronnant un enseignement soi-disant organisé de ce
groupe de connaissances, il ne fait pas, certes, un acte indiffé-
rent. C'est comme s'il donnait une définition officielle, une clas-
sification légale de tout un ordre de sciences, comme s'il faisait
entendre que les matières comprises dans l'examen sont les
seules essentielles à ses yeux, qu'elles sont à la fois nécessaires et
suffisantes et qu'il n'y a pas lieu de tenir compte des autres.

Lorsque celui qui est le maître des débouchés s'est ainsi pro-
noncé, quoi d'étonnant que les branches laissées en dehors soient
frappées d'une sorte d'arrêt de développement? Même hors des
écoles officielles, on ne les étudie plus; les professeurs qui vou-
draient les enseigner ne trouvent plus d'élèves; le public finit par
oublier qu'elles ont rang dans la science. Voilà pourquoi j'estime
qu'il faut se bien garder d'instituer légèrement, témérairement des
diplômes sous prétexte d'une sanction à fournir à un ordre spécial

d'études. Un pas si considérable ne doit être fait qu'avec une extrême circonspection et après qu'on s'est assuré qu'il n'a été laissé
de côté rien d'essentiel. C'est qu'en effet, par le titre particulier qu'il
crée, par l'examen limité qu'il organise, l'État fait bien autre chose
que de procurer un stimulant au travail. Il fait un départ et un
choix entre les sciences d'un même ordre ; il protège les unes aux
dépens des autres; il exclut et discrédite tout ce qu'il n'inscrit pas
au programme, et si le départ est mal fait, si le choix est partial,
si les exclusions sont nombreuses et fâcheuses, il peut en résulter
la disgrâce et le déclin de tout un noble groupe de connaissances.
Ce que j'ai dit et ce qui me reste à dire de l'insuffisance scientifique des quatre cours proposés fera sentir bien nettement que,
dans le cas présent, cette conséquence est inévitable et qu'avec
l'institution de la licence ès sciences politiques et administratives,
telle qu'on l'a conçue, commenceraient l'abandon et le déclin des
belles disciplines dont elle usurperait le nom.

Serrons maintenant de plus près le projet lui-même. L'État
créerait une illusion dont il serait le premier à souffrir, si, instituant
un nouveau diplôme, il n'exigeait pas que ce diplôme eût une
signification précise et une valeur effective, qu'il justifiât et le
nom sous lequel il a cours et le visa que les pouvoirs publics ne
donnent qu'à des titres sérieux et bien acquis. Est-ce le cas de la
future licence ès sciences politiques et administratives? Ce titre ne
peut se recommander que de deux façons : par sa valeur scientifique ou par sa valeur professionnelle. L'une et l'autre lui feraient
défaut. Une valeur scientifique ! mais on a vu que plus de la moitié
des sciences politiques et administratives n'y figurent pas. La
grande lumière de toutes les sciences morales, l'histoire, en est ab-
sente; la recherche des antécédents, l'investigation des origines
y est inconnue. Les branches qui reposent sur la statistique :
démographie, géographie industrielle et commerciale, font défaut.
Les institutions étrangères peuvent apparaître çà et là par allu-
sion. Mais il y a des indices que l'on renonce à en faire une
étude approfondie (1). Et, en effet, dans cette unique année, que
l'on mesure étroitement aux sciences politiques, on n'a pas trop
de temps pour la France seule. Au reste, nombre de passages du
rapport indiquent qu'on ne se fait pas d'illusion sur l'insuffisance
scientifique du titre nouveau; ses partisans, on va le voir, n'essayent pas de le défendre sur ce point.

(1) Dans le projet parlementaire qui a servi de base aux discussions des
Facultés, le mot « comparé » figurait dans le titre du cours de droit constitutionnel; la Faculté de droit de Paris a retranché ce mot.

Se rachète-t-il par une valeur professionnelle? Prenons les hautes carrières de l'État, par exemple la diplomatie. Je suppose que le licencié ès sciences politiques et administratives doit posséder au moins les plus essentielles, les plus générales des connaissances requises pour de si hautes fonctions, qu'il a étudié d'une manière un peu savante sa carte d'Europe, la population des principaux États, leurs forces et leur organisation militaires, leurs institutions politiques, l'histoire des traités qui les ont liés et les lient encore à la France, les intérêts industriels et commerciaux de notre pays vis-à-vis de chacun d'eux. Pas un mot de tout cela. Viserons-nous moins haut? Prendrons-nous les consulats, l'inspection des finances? Le licencié ès sciences politiques a-t-il étudié le rôle et les attributions multiples des consuls? A-t-il feuilleté le décret du 31 mai 1862, matière fondamentale du concours pour l'inspection des finances? Est-il capable de dénommer et de classer les principaux services financiers de l'État? Non évidemment. Les Facultés de droit ont cent fois raison de ne pas vouloir enseigner cette partie technique; il n'appartient de s'en mêler qu'à des hommes tout à fait spéciaux, qui peuvent n'être pas pourvus de grades juridiques. Quoi qu'il en soit, ne ressort-il pas de tout ce qui précède que le nouveau diplôme n'aura pas plus de valeur professionnelle que de valeur scientifique?

Ces observations s'imposent avec trop de force pour être méconnues. On ne peut y échapper qu'en abaissant encore davantage le but que l'on se propose d'atteindre. « Sous prétexte de ne pas rapetisser la question, prenons-garde, » dit le rapport, « de ne pas la placer plus haut qu'il ne convient. S'agit-il donc uniquement de former un personnel d'élite pour les hautes situations de la politique, de la diplomatie et de l'administration? S'il en était ainsi, on comprendrait la préférence donnée à une grande école » spéciale. « Mais cette école ne saurait remplacer les Facultés dans la distribution d'un enseignement qui s'adresse en réalité à un public moins choisi, mais plus étendu, dont les visées ne s'élèvent pas si haut. C'est à ce public qu'il faut songer. Il comprend sans doute implicitement les aspirants aux situations élevées dont nous avons parlé ; mais il comprend aussi les aspirants aux *fonctions plus modestes de l'administration, qui sont en si grand nombre;* il comprend également tous ceux qui, sans penser aux carrières administratives, seront heureux, *pour une raison ou pour une autre*, par exemple pour l'exercice des fonctions électives locales, de *compléter les connaissances un peu écourtées* acquises dans les trois années de la licence. »

Il est impossible de ne pas rendre hommage à la loyauté d'un tel aveu, de la part des promoteurs de la licence ès sciences politiques. Il marque admirablement le degré que l'on ne croit pas pouvoir dépasser, le niveau auquel on entend placer le nouvel examen. Eh quoi ! c'est à cela que l'on voudrait réduire les prétentions et les espérances des Facultés de droit, après un débat qui a rendu si évidentes la hauteur et la gravité du problème? Voilà à quelles médiocres préoccupations d'illustres établissements seraient invités à faire une place à côté des intérêts de la science qui leur est confiée, à côté des devoirs que leur impose le beau nom d'enseignement supérieur ! Bien plus, c'est pour ces futurs maires, conseillers d'arrondissement, employés d'administration ou simples amateurs, que l'on croirait nécessaire d'instituer un grade spécial, une licence ès sciences politiques et administratives ! Tant de pompe et d'ostentation pour si peu de substance, pour un personnel si humble ! En vérité, l'écart est grand et la disproportion est singulière, et je ne puis m'empêcher de craindre que le public français, si fin, n'accueille avec un sourire la création d'un titre de cette ampleur et de cette sonorité, rapproché de l'humble destination qu'on lui assigne. Je doute, pour ma part, que le gouvernement et l'opinion encouragent les Facultés à faire ce sacrifice à un intérêt professionnel d'ordre si inférieur. J'estime qu'ils les engageront de préférence à se développer dans la direction des études savantes qui leur appartiennent en propre. Il y a là un champ immense qu'elles sont merveilleusement aptes à cultiver et à rendre fécond.

Nous avons mis en regard du nouveau diplôme les exigences de la science et les nécessités des différentes carrières; il a été trouvé insuffisant. Comparons-le, maintenant, au diplôme qui le précède; il paraîtra inutile. Pour qu'il y ait lieu de créer à la suite de la licence en droit une licence ès sciences politiques et administratives, il faut que ce second diplôme ne soit pas une simple doublure du premier, qu'il signifie autre chose que le premier, qu'il y ait entre eux, non pas une faible différence de *degré*, mais une sérieuse différence de *genre*. Or voyons en quoi consistent les connaissances supplémentaires exigées du licencié ès sciences politiques et administratives. 1° Droit administratif : cette matière figure déjà dans son ensemble dans la licence en droit, ce sera un simple redoublement. 2° Droit constitutionnel : cette matière figure dans ses grands traits en tête du cours de droit administratif, qui autrement serait inintelligible; on la donnera de nouveau avec plus de développement. 3° Législation économique et

financière. Ce cours comprend deux parties : *a*) la législation bud-
gétaire, qui est enseignée tout au long dans le cours de droit
administratif; *b*) la matière des impôts, qui est enseignée dans le
même cours, moins la théorie économique et fiscale; mais cette
théorie a dû être exposée dans le cours d'économie politique, qui
fait également partie de la licence en droit. Que reste-t-il donc
dans l'examen de licence ès sciences politiques de nouveau, d'ori-
ginal, qui ne soit pas une réédition de ce qui a figuré dans la
licence en droit? Le droit des gens, rien davantage. Et c'est pour
ce médiocre surplus que l'on créerait un titre nouveau, considérable, où sonne le grand nom de « science », qui fait même profes-
sion d'embrasser tout un ensemble de sciences? La vérité est que
la licence ès sciences politiques et administratives n'est qu'un
second exemplaire de la licence en droit, — une licence en droit
plus *spéciale* et un peu plus forte, — et que cette année de préparation n'est qu'une sorte de catéchisme de persévérance, qui justi-
fierait peut-être une mention spéciale et honorable ajoutée au
diplôme de licencié en droit, mais qui ne justifie à aucun degré
l'émission d'un nouveau parchemin sous la garantie de l'État.

Voyons maintenant dans quel rapport le nouveau diplôme va
se trouver avec le doctorat en droit. Actuellement, les conditions
exigées pour se présenter au doctorat en droit sont : 1° d'être
licencié en droit; 2° d'avoir suivi, pendant un an, un certain nombre de cours sur lesquels portent les épreuves. Ce sont précisément
ces mêmes conditions que l'on propose d'exiger du candidat à la
licence ès sciences politiques. Ainsi après la licence en droit, bi-
furcation. Les jeunes gens qui se destinent aux fonctions judi-
ciaires, par exemple, vont vers le doctorat en droit, les autres vers
la nouvelle licence. La durée réglementaire de la préparation est
la même; les deux diplômes occupent dans les études deux places
symétriques. Mais alors, pourquoi le nouveau n'est-il pas dé-
nommé, lui aussi, doctorat (1)? On en donne deux raisons qui
n'en font réellement qu'une seule. La première est que les
matières d'examen de la licence-ès-sciences politiques sont
moins nombreuses et moins difficiles que celles du doctorat
en droit. Mais qu'est-ce qui empêche de les rendre aussi nombreuses et de s'y montrer aussi sévère? Les quatre cours ne cou-
vrent pas, je suppose, tout l'immense domaine des sciences politiques? Pourquoi ne pas s'y étendre un peu davantage? Ne vaudrait-

(1) Voir, dans le même sens, les excellentes considérations présentées par le
groupe Nancéen (*Revue* du 15 avril, p. 401.)

il pas mieux enrichir l'indigence de cette préparation qui répond si mal au nom très beau et très ample de sciences politiques et administratives, que de créer cette curieuse anomalie d'une licence succédant à une licence, c'est-à-dire à un grade de même rang, sans que la matière de l'examen ait changé d'une manière sensible? Faut-il croire que les promoteurs du projet, sentant que les Facultés de droit rencontreraient, en s'avançant davantage, un terrain qui n'est plus le leur, préfèrent s'arrêter là et qu'ils tiennent cependant à avertir loyalement le public, par l'infériorité du grade, que la préparation est insuffisante et faible? Mais alors pourquoi ne pas chercher ailleurs le moyen d'organiser convenablement un enseignement si considérable, si digne de la sollicitude de l'État? — La seconde raison va plus au fond. On craint, si l'on donne au nouveau diplôme le même éclat et autant de substance et de solidité qu'au doctorat en droit, que les étudiants n'entrent tous dans cette voie qu'on leur ouvre et qu'ils ne délaissent les hautes études juridiques, plus abstraites, plus rebutantes et d'une application pratique moins étendue. Pour ma part, rien que l'aveu non déguisé d'une pareille crainte est le signe que les Facultés de droit ne sont pas le lieu où il faut organiser l'enseignement des sciences politiques. On ne fera jamais bien une chose que l'on appréhendera de faire trop bien et de voir trop bien réussir, une chose à laquelle on n'osera pas donner toute l'ampleur et tout l'éclat qu'elle comporte, de peur qu'elle ne fasse échec à des études anciennes et préférées. Pour bien faire une chose il faut la faire librement, sans arrière-pensée, sans appréhension : il faut être tout à elle et à ce que réclame son entier développement.

Une conséquence de ce qui précède, c'est que le nouveau diplôme n'aura pas de débouchés, à moins qu'on ne lui en ouvre d'illégitimes, et que, par conséquent, l'appât et l'attraction seront trop faibles pour assurer des auditeurs aux cours proposés. Entend-on l'imposer comme *condition d'admission* à certaines carrières? Mais si on l'impose, ce ne pourra jamais être à l'exclusion du diplôme de licencié en droit; il y a trop peu d'écart entre les deux examens. Aucun gouvernement sage ne se privera, pour ce mince surplus, du droit de choisir parmi toute la masse des jeunes gens instruits qui ont donné des gages suffisants. L'imposera-t-on comme *condition d'admissibilité* à certains concours? Oublie-t-on qu'on vient d'élargir encore, récemment, les conditions d'admissibilité au concours de la diplomatie et des consulats? On a porté à treize, comme pour le conseil d'État, le nombre des titres de toute origine qui peuvent être agréés comme l'équivalent de la licence en droit. On est donc

bien éloigné de vouloir substituer à ces nombreuses avenues, par lesquelles affluent des capacités de tout genre, une seule entrée étroite et surbaissée, comme serait la médiocre préparation qu'il s'agit d'instituer. — Avantagera-t-on de quelques points de plus les candidats pourvus de la licence ès sciences politiques? Ces sortes d'avantages ne peuvent être attachés sans inconvénient qu'à des titres qui témoignent de connaissances *autres que celles qui font l'objet du concours.* Je citerai par exemple le baccalauréat ès lettres pour l'entrée à l'École polytechnique. C'est qu'en effet il est de l'essence du concours qu'il n'y soit tenu compte que des épreuves mêmes du concours. La prise en considération d'un titre extérieur de même signification, obtenu depuis un temps plus ou moins long, dans des conditions qui peuvent avoir été très inégales, n'est pas seulement injuste pour les candidats; elle comporte des hasards désobligeants pour l'État, en ce sens qu'elle peut aboutir à un démenti donné au premier examen par le second. On avait commis, en Belgique, l'imprudence d'attribuer une valeur légale au doctorat ès sciences politiques, organisé à peu près comme on veut organiser ici une licence du même nom. Cette valeur légale, le législateur belge, instruit par l'expérience, l'a retirée en 1877. Les grades en droit sont seuls exigés et donnent seuls entrée dans les carrières. — Reste une seule ressource : c'est que la licence ès sciences politiques et les études qu'elle couronne deviennent une recommandation d'une valeur toute morale. Recommandation bien insuffisante, si l'on organise études et diplômes dans l'esprit qu'on a laissé voir. Mais fût-elle plus sérieuse, comment espérer qu'un si mince et si douteux bénéfice procure des auditoires à treize groupes de cours disséminés sur différents points de la France? Qui ne voit que la plupart des jeunes gens ne voudront pas pour si peu courir les chances d'un examen de plus, que beaucoup préféreront consacrer cette année supplémentaire à un stage professionnel où ils pourront se faire apprécier et acquérir des capacités pratiques? Bref, la création manquera son seul objet, qui est d'assurer des élèves aux cours nouveaux. A Paris, où tout se trouve, on trouvera des amateurs platoniques de parchemins en nombre suffisant pour remplir le vide des amphithéâtres. Mais en province? Et si la mesure ne doit profiter qu'à Paris, que reste-t-il du seul argument sérieux qui ait été élevé contre la constitution à Paris d'une École unique et spéciale, abordant librement et dans sa plénitude tout le cercle des sciences d'État?

Ce qui précède me suggère une dernière réflexion relative aux charges considérables que le projet imposerait à l'État dans un

délai rapproché et sans un profit proportionné à la dépense. Lorsque l'État crée un cours dans une Faculté, il ne contracte pas pour
cela l'obligation d'en créer de pareils dans tous les établissements
similaires. Lorsqu'il crée un grade nouveau, il contracte l'obligation étroite et pressante d'organiser dans toutes les Facultés l'enseignement correspondant; il ne peut pas se donner l'air d'accor-
der un monopole à une ou deux Facultés et de disgracier les autres.
Quelle que soit l'opinion de ces grands corps sur l'opportunité de la
création, ils estimeront de leur honneur, si le diplôme est insti-
tué, de recevoir les moyens d'y préparer, et le gouvernement devra
céder à leurs légitimes revendications (1). Est-il bien sage de se
mettre dans le cas de dépenser presque tout de suite plusieurs cen-
taines de mille francs par an pour défrayer une quarantaine de
chaires hâtivement créées, privées de débouchés et par conséquent
d'auditeurs? Ne vaut-il pas mieux rester libre de prendre son
temps, et de n'instituer ces chaires en chaque endroit qu'à mesure
que les circonstances s'y prêteront, à mesure que l'on rencontrera
l'homme rare et capable? Voilà encore une raison pour ne pas se
lier les mains par la création d'un diplôme spécial, et pour chercher dans l'organisation existante la sanction des nouveaux enseignements, une sanction plus modeste, plus souple, plus conforme
à leur caractère de complément des études juridiques.

J'ai expliqué plus haut le mécanisme de cette sanction. Deux
années de droit administratif avant la licence, permettant de faire
l'économie de bon nombre de doubles emplois et de fortifier, non
pas seulement pour quelques-uns, mais pour tous, cette partie de
l'éducation juridique. — La faculté, pour les candidats à la licence
en droit, de se faire interroger par supplément sur un ou plusieurs
des nouveaux cours à leur choix; l'inscription sur le diplôme ou
sur un certificat spécial des matières qui auront donné lieu à des
épreuves satisfaisantes; un élargissement et un assouplissement
analogue du système d'option déjà en vigueur pour le doctorat,
voilà tout ce qu'il faut pour assurer aux cours nouveaux, créés
avec discernement et circonspection, une prospérité non factice
et durable.

Cela fait, et après avoir procuré aux études de droit cet utile
adjuvant, le législateur se retrouverait en présence de la question
restée entière de l'enseignement des sciences politiques et administratives. Ai-je besoin de répéter ce que j'en ai dit et d'indiquer

(1) On a vu que la Faculté de Nancy a en effet réclamé, au nom de toutes
ses sœurs, que l'établissement des cours, si l'on s'y résout, fût, non pas successif,
mais simultané.

de nouveau la solution que je crois la meilleure? J'ai esquissé à grands traits l'image de cette École, organisée comme une Faculté, largement hospitalière (1), pourvue de tous les enseignements dont le sujet est mûr, capable de recevoir tous ceux dont la maturité plus tardive se prépare, affranchie de toute dénomination étroite, de toute tradition spéciale, de toute règle inventée pour d'autres objets, libre d'élaborer elle-même ses règles, de choisir elle-même sa méthode, d'organiser le recrutement de ses professeurs d'une manière appropriée à l'extrême variété de ses matières, maîtresse enfin de ses mouvements comme il convient à une institution chargée d'une si grande tâche et d'une si haute responsabilité. Cette École sera-t-elle indépendante de l'État? sera-t-elle une École d'État? J'ai signalé les inconvénients et les avantages respectifs des deux solutions; je n'y reviendrai pas. Ce qui importe, c'est de ne pas sacrifier l'une et l'autre à une combinaison qui ne résout rien, et de ne pas se réduire à quelque chose de morcelé, de faible et d'incomplet, lorsqu'on peut faire, sans plus d'effort, quelque chose de puissant, de vivant et de fécond.

APPENDICE

I

Voici la distribution actuelle des examens à la Faculté de droit de Paris. Ils sont divisés en deux parties qui se passent à deux jours d'intervalle.

	1re ANNÉE	2e ANNÉE	3e ANNÉE
1re Partie	Droit romain. Histoire générale du droit Français.	Droit romain. Économie politique.	Droit administratif. Droit commercial.
2e Partie	Code civil. Droit criminel.	Code civil. Procédure civile.	Code civil. Droit international privé.

(1) Voir la *Revue* du 15 mars, p. 245 à 249 et l'appendice II.

Voici maintenant ce que deviendrait cette distribution, si la réforme proposée page 4 était adoptée.

	1re ANNÉE	2e ANNÉE	3e ANNÉE
1re Partie	Droit romain. Histoire générale du droit Français.	Droit romain. Droit administratif.	Droit administratif. Droit commercial.
2e Partie	Code civil. Droit criminel.	Code civil. Procédure civile.	Code civil. Économie politique.

II

Nous reproduisons ici la seconde partie d'une note écrite à ce sujet et adressée au Sénat. La note entière a été réimprimée avec un préambule dans la *Revue* du 15 mars.

...... Ce premier système écarté (1), les considérations mêmes qui précèdent en suggèrent un second, qui consiste à créer une École spéciale, embrassant toutes les sciences d'État avec leurs dépendances. C'est le sens de plusieurs projets qui ont été publiés en divers temps. Cette solution est infiniment préférable à la précédente. Le point délicat est de trouver l'organisation qui convient à cette École. La mémorable fondation de 1818, dont on invoque à juste titre le souvenir et l'exemple, avait été conçue à l'image de l'École polytechnique. Il est remarquable que presque tous les promoteurs des plans de réforme inclinent sensiblement à s'écarter de ce modèle. A notre sens on ne saurait trop s'en écarter. Les sciences d'État ont leurs conditions propres, très impérieuses et très nettes ; elles ne pourraient que languir et dépérir sous un régime comme celui auquel l'École polytechnique est soumise.

Ce régime peut se caractériser en quelques mots : Les élèves sont casernés, — le nombre des admissions est limité, — on n'est plus admis passé vingt et un ans, — les études se terminent par un concours avec classement et les candidats heureux ont *droit* à des places. — L'École polytechnique n'a pas choisi de son plein gré ce régime. Les conditions d'entrée et toute son organisation ont été réglées d'après les exigences de la loi sur le tirage au sort et les intérêts du service militaire. Rien ne serait moins justifié que d'étendre à d'autres carrières, et particulièrement à la carrière administrative, un système aussi exceptionnel. Une claustration de deux ans) pour préparer à la vie l'administrateur ou le diplomate, quel contre sens ! La limite d'âge, la limite de nombre n'auraient d'autre effet que d'écarter sans nécessité des fonctions publiques des hommes qui en pourraient être la force et l'honneur. Plus funeste encore serait ce classement à la sortie, qui décide pour la vie, à un point près de l'avenir du candidat et de la carrière qu'il devra suivre. Il en résulte une préoccupation unique et absorbante, qui fait que les élèves règlent

(1) Celui de la création d'une section séparée dans les Facultés de droit.

leurs études, non sur l'intérêt de leur éducation scientifique et pratique, mais sur le calcul des coefficients. Rien de plus contraire à une bonne discipline de l'esprit (1).

Un classement qui donne droit à des places est particulièrement inacceptable, lorsqu'il s'agit de fonctions qui ont pour la plupart un caractère politique. Imagine-t-on un gouvernement obligé de peupler ses services de gens notoirement hostiles à son principe, ou de leur donner un traitement de disponibilité? Ce que l'on peut exiger du pouvoir, c'est que, tout en gardant son entière liberté de choix pour les postes supérieurs, il renonce à faire entrer par le bas, pour ainsi dire, dans les carrières qui dépendent de lui, des jeunes gens qui n'ont pas donné des gages de capacité. Dans plusieurs de ces carrières, sans doute, la capacité ne suffit pas; certaines conditions de personne et de fortune passent pour indispensables, et l'on ne peut pas se contenter d'un diplôme. La vraie solution, c'est que chaque grand service public ait ses conditions d'entrée particulières, où pourront intervenir plus ou moins, à la faveur d'un examen d'admissibilité, des considérations étrangères au mérite du candidat, mais où *figureront toujours des épreuves d'admission sérieuses.* Rien n'empêchera que tel ou tel diplôme puisse être accepté, soit comme une recommandation, soit comme l'équivalent et le substitut de tout ou partie de l'examen.

Dans un autre sens encore, l'École doit être une école ouverte. J'entends qu'elle doit recevoir, non seulement des élèves, mais des auditeurs; non seulement ceux qui se préparent à une carrière et qui suivent l'ensemble de cours organisés pour cette préparation, mais ceux qui, librement, choisissent dans son programme les enseignements qui leur conviennent et les combinent à leur gré avec les cours d'autres écoles. L'un des plus grands vices des écoles fermées est que les élèves ne communiquent qu'avec leurs pareils, avec des gens qui ont tous le même plan d'études et tournent dans le même cercle d'idées et de travaux. Le plus grand avantage des écoles ouvertes, — après celui d'éviter la préoccupation exclusive du classement, — est de rapprocher et de mêler l'une à l'autre toutes les formes de la curiosité scientifique, de mettre en présence des esprits qui procèdent chacun à sa manière et qui apportent et se communiquent des acquisitions de natures très diverses, d'élargir enfin la voie et l'horizon de ceux qui seraient tentés de se complaire dans une activité trop spéciale. C'est le meilleur moyen de leur donner la pleine possession, le maniement aisé et souple de leur spécialité même.

Ainsi une école accessible à tous, recevant des élèves et des auditeurs, — point de limite de nombre, — point de limite d'âge, — point de classement donnant aux favorisés une créance sur l'État, payable en fonctions publiques; un simple examen aboutissant à la délivrance d'un diplôme auquel les départements ministériels intéressés pourront attribuer une

(1) On ne sait pas tout ce qu'on perd lorsqu'on néglige de ménager aux jeunes intelligences une période de liberté et de désintéressement dans leurs études, et lorsqu'on les fait passer sans intervalle de la tutelle minutieuse de la première éducation sous le régime haletant des concours et sous la tyrannie du but professionnel. Elles y acquièrent plus rapidement peut-être un savoir indigeste. Mais c'est bien souvent au prix de la spontanéité et de la fécondité de l'esprit. Les fortes natures seules résistent. Les autres s'abaissent et s'énervent.

valeur dans les examens placés à l'entrée de tous grands services, voilà les traits principaux du système.

Une phrase résume tout ce qui précède : Une école d'administration doit être organisée indépendamment et en dehors de la Faculté de droit, mais elle doit l'être *à l'instar d'une Faculté*, avec la même largeur — avec plus de largeur encore, car elle prépare à des carrières plus nombreuses et plus variées — et dans les mêmes conditions de liberté, de facile accès et de désintéressement scientifique.

Reste une dernière question. L'État peut-il sans inconvénient prendre la direction et la responsabilité d'une école d'administration ?

Il est superflu d'insister sur les avantages que l'État procure aux œuvres qu'il adopte ; c'est d'abord son prestige, puis les ressources d'un budget illimité. On est moins accoutumé à considérer la contre-partie de ces avantages. L'État est un grand personnage dont tous les mouvements sont surveillés, dont tous les actes suscitent des critiques et donnent lieu à des responsabilités. On veut qu'il fasse tout, et d'autre part on n'a pas assez d'yeux pour trouver du mal dans tout ce qu'il fait. Ce ne sera jamais sans quelque inconvénient qu'il couvrira de son nom un enseignement qui touche à la politique. Il sera forcé, pour ne pas soulever d'orages, de circonscrire cet enseignement, de le gêner tant soit peu, de lui interdire certaines matières. Nous nous sommes laissé dire que le ministère des affaires étrangères avait eu l'idée, à une certaine époque, de créer dans ses bureaux un cours d'histoire diplomatique. Il y a très vite renoncé. Peut-être avait-il entrevu que si le professeur dépendait ostensiblement d'un département ministériel, on deviendrait responsable de ses paroles, et qu'il faudrait lui imposer les ménagements, les réticences, les euphémismes qui sont de règle, avec toute raison, dans les services des affaires étrangères. Quel enseignement pourrait se soumettre à tant de précautions sans être appauvri et énervé ? Nous ne voulons pas grossir plus que de juste cet inconvénient. Toutefois il est difficile que l'École d'administration aborde sans appréhension tous les sujets qui font naturellement partie de son domaine, si l'État dépasse à son égard une attitude de haut patronage, et s'il prend, avec la direction de l'institution, la responsabilité directe de chaque enseignement.

Un second point à considérer est que l'enseignement des sciences politiques est de création récente dans notre pays. Il lui reste plus d'un essai à faire, plus d'un perfectionnement à tenter, avec des succès et des mécomptes imprévus. Toutes ces expériences sont la condition même du progrès. Or l'État a cette faiblesse, propre à la toute-puissance, qu'il ne peut pas permettre aux œuvres qui portent son nom de se risquer dans des tentatives incertaines et qu'il ne doit s'engager qu'à coup sûr. Sans doute, lorsqu'une création est sortie de la période d'essai et qu'elle a dépassé pour ainsi dire l'âge de croissance, il excelle à lui donner l'ampleur et la plénitude de la maturité ; il est au contraire un tuteur fâcheux pour les œuvres adolescentes, pour celles dont le type n'est pas encore défini ni fixé. S'il les serre de trop près, il y a des chances pour qu'il les arrête et les frappe d'immobilité au cours de leur développement. Pour cette raison encore, il est à souhaiter que, pendant un certain temps encore, toute école d'administration reste indépendante de l'État.

La conclusion à tirer de ce qui précède est évidente. La solution la plus satisfaisante serait évidemment que l'initiative privée se trouvât en mesure de créer l'enseignement des sciences d'État. Indépendante du gouvernement, seule responsable de la direction donnée à ses cours, maîtresse d'aborder tous les sujets à la seule condition de les traiter avec convenance et mesure, plus libre que les fondations officielles pour essayer des perfectionnements et plus prompte à les accomplir, elle donnerait naissance à des œuvres animées d'une vie puissante et progressive. La seule intervention officielle à souhaiter serait celle du législateur; il aiderait singulièrement à l'essor de ces libres fondations s'il prescrivait l'établissement, d'examens sérieux à l'entrée de tous les grands services de l'État. L'étude des sciences politiques et administratives se trouverait ainsi encouragée et soutenue, sans que le gouvernement encourût aucune responsabilité et supportât aucune charge. Peut-être ne serait-il pas sans intérêt d'éprouver, à cette occasion, ce que l'initiative privée est capable de faire en France lorsqu'elle est traitée avec impartialité et bienveillance. Il y a là, à notre sens, une force qu'on a trop négligée et dont on s'est peut-être trop défié.

Que si l'État se croyait tenu d'intervenir plus activement dans une affaire qui touche d'aussi près à un grand intérêt public, c'est sous la forme d'une école séparée, semblable à une Faculté moins le nom — (ou avec le nom) — qu'il conviendrait d'instituer l'enseignement des sciences politiques ou administratives. Il faudrait lui assurer la plus large mesure d'indépendance compatible avec son caractère officiel et compenser par la richesse des moyens mis à sa disposition ce qu'on ne pourrait éviter de lui faire perdre du côté de l'autonomie. Les sciences d'État sont un vaste et noble ensemble. Ni une école professionnelle fermée, ni une section accessoire dans les Facultés de droit ne sont à leur mesure. Ce serait méconnaître l'immense développement qu'elles ont pris, les secours qu'elles se prêtent les unes aux autres, l'unité qu'elles puisent dans la poursuite d'un but commun, et l'esprit de libre observation qui est la condition de leurs progrès, que de les découper et de les diviser, de les annexer par portions à d'autres groupes peu faits pour les recevoir, ou au contraire de les cloîtrer, de les mettre à la gêne sous le régime des concours, et de les asservir trop étroitement à des vues de préparation professionnelle. Que l'État s'abstienne ou intervienne, les sciences d'État peuvent et doivent, à notre sens, constituer à elles seules et toutes ensemble un système distinct et puissant, indépendant et ouvert, dont la place est marquée d'avance dans notre haut enseignement public.

Paris. — Typographie G. Chamerot, 19, rue des Saints-Pères. — 11222.